TRANZLATY

La Langue est pour tout le Monde

Bahasa adalah untuk semua orang

La Belle et la Bête

Kecantikan dan Binatang

Gabrielle-Suzanne Barbot de Villeneuve

Français / Bahasa Melayu

Copyright © 2025 Tranzlaty
All rights reserved
Published by Tranzlaty
ISBN: 978-1-80572-053-9
Original text by Gabrielle-Suzanne Barbot de Villeneuve
La Belle et la Bête
First published in French in 1740
Taken from The Blue Fairy Book (Andrew Lang)
Illustration by Walter Crane
www.tranzlaty.com

Il était une fois un riche marchand
Dahulu ada seorang saudagar yang kaya raya
ce riche marchand avait six enfants
saudagar kaya ini mempunyai enam orang anak
il avait trois fils et trois filles
dia mempunyai tiga anak lelaki dan tiga anak perempuan
il n'a épargné aucun coût pour leur éducation
dia tidak menghindarkan sebarang kos untuk pendidikan mereka
parce qu'il était un homme sensé
kerana dia seorang yang berakal
mais il a donné à ses enfants de nombreux serviteurs
tetapi dia memberi anak-anaknya banyak hamba
ses filles étaient extrêmement jolies
anak-anak perempuannya sangat cantik
et sa plus jeune fille était particulièrement jolie
dan anak bongsunya sangat cantik
Déjà enfant, sa beauté était admirée
semasa kecil kecantikannya sudah dikagumi
et les gens l'appelaient à cause de sa beauté
dan orang ramai memanggilnya dengan kecantikannya
sa beauté ne s'est pas estompée avec l'âge
kecantikannya tidak pudar apabila usianya meningkat
alors les gens ont continué à l'appeler par sa beauté
jadi orang ramai terus memanggilnya dengan kecantikannya
cela a rendu ses sœurs très jalouses
ini membuatkan adik-adiknya sangat cemburu
les deux filles aînées avaient beaucoup de fierté
kedua-dua anak perempuan sulung mempunyai kebanggaan yang besar
leur richesse était la source de leur fierté
kekayaan mereka adalah sumber kebanggaan mereka
et ils n'ont pas caché leur fierté non plus
dan mereka juga tidak menyembunyikan kebanggaan

mereka
ils n'ont pas rendu visite aux filles d'autres marchands
mereka tidak menziarahi anak perempuan saudagar lain
parce qu'ils ne rencontrent que l'aristocratie
kerana mereka hanya bertemu dengan golongan bangsawan
ils sortaient tous les jours pour faire la fête
mereka keluar setiap hari ke pesta
bals, pièces de théâtre, concerts, etc.
bola, permainan, konsert, dan sebagainya
et ils se moquèrent de leur plus jeune sœur
dan mereka mentertawakan adik bongsu mereka
parce qu'elle passait la plupart de son temps à lire
kerana dia menghabiskan sebahagian besar masanya dengan membaca
il était bien connu qu'ils étaient riches
diketahui umum bahawa mereka kaya raya
alors plusieurs marchands éminents ont demandé leur main
maka beberapa saudagar terkemuka meminta tangan mereka
mais ils ont dit qu'ils n'allaient pas se marier
tetapi mereka berkata mereka tidak akan berkahwin
mais ils étaient prêts à faire quelques exceptions
tetapi mereka bersedia untuk membuat beberapa pengecualian
« Peut-être que je pourrais épouser un duc »
"Mungkin saya boleh berkahwin dengan Duke"
« Je suppose que je pourrais épouser un comte »
"Saya rasa saya boleh berkahwin dengan Earl"
Belle a remercié très civilement ceux qui lui ont proposé
Beauty sangat beradab berterima kasih kepada mereka yang melamarnya
elle leur a dit qu'elle était encore trop jeune pour se marier

dia memberitahu mereka dia masih terlalu muda untuk
berkahwin
elle voulait rester quelques années de plus avec son père
dia mahu tinggal beberapa tahun lagi dengan ayahnya
Tout d'un coup, le marchand a perdu sa fortune
Sekali gus peniaga itu kehilangan hartanya
il a tout perdu sauf une petite maison de campagne
dia kehilangan segala-galanya selain sebuah rumah desa
kecil
et il dit à ses enfants, les larmes aux yeux :
dan dia memberitahu anak-anaknya dengan air mata di
matanya:
« **il faut aller à la campagne** »
"kita mesti pergi ke luar bandar"
« **et nous devons travailler pour gagner notre vie** »
"dan kita mesti bekerja untuk hidup kita"
les deux filles aînées ne voulaient pas quitter la ville
dua anak perempuan sulung itu tidak mahu meninggalkan
bandar itu
ils avaient plusieurs amants dans la ville
mereka mempunyai beberapa kekasih di bandar
et ils étaient sûrs que l'un de leurs amants les épouserait
dan mereka pasti salah seorang kekasih mereka akan
mengahwini mereka
**ils pensaient que leurs amants les épouseraient même
sans fortune**
mereka menyangka kekasih mereka akan mengahwini
mereka walaupun tanpa harta
mais les bonnes dames se sont trompées
tetapi wanita yang baik tersilap
leurs amants les ont abandonnés très vite
kekasih mereka meninggalkan mereka dengan cepat
parce qu'ils n'avaient plus de fortune
kerana mereka tidak mempunyai harta lagi
cela a montré qu'ils n'étaient pas vraiment appréciés

ini menunjukkan mereka sebenarnya tidak disenangi
tout le monde a dit qu'ils ne méritaient pas d'être plaints
semua orang berkata mereka tidak layak untuk dikasihani
« Nous sommes heureux de voir leur fierté humiliée »
"Kami gembira melihat kebanggaan mereka direndahkan"
« Qu'ils soient fiers de traire les vaches »
"Biarlah mereka berbangga kerana memerah susu lembu"
mais ils étaient préoccupés par Belle
tetapi mereka mementingkan kecantikan
elle était une créature si douce
dia adalah makhluk yang sangat manis
elle parlait si gentiment aux pauvres
dia bercakap dengan begitu baik kepada orang miskin
et elle était d'une nature si innocente
dan dia adalah seorang yang tidak bersalah
Plusieurs messieurs l'auraient épousée
Beberapa lelaki akan berkahwin dengannya
ils l'auraient épousée même si elle était pauvre
mereka akan mengahwininya walaupun dia miskin
mais elle leur a dit qu'elle ne pouvait pas les épouser
tetapi dia memberitahu mereka bahawa dia tidak boleh mengahwini mereka
parce qu'elle ne voulait pas quitter son père
kerana dia tidak akan meninggalkan ayahnya
elle était déterminée à l'accompagner à la campagne
dia berazam untuk pergi bersamanya ke luar bandar
afin qu'elle puisse le réconforter et l'aider
supaya dia dapat menghibur dan menolongnya
pauvre Belle était très affligée au début
Si cantik yang malang itu sangat bersedih pada mulanya
elle était attristée par la perte de sa fortune
dia berasa sedih dengan kehilangan hartanya
"Mais pleurer ne changera pas mon destin"
"tetapi menangis tidak akan mengubah nasib saya"
« Je dois essayer de me rendre heureux sans richesse »

"Saya mesti cuba membahagiakan diri saya tanpa kekayaan"
ils sont venus dans leur maison de campagne
mereka datang ke rumah negara mereka
et le marchand et ses trois fils s'appliquèrent à l'agriculture
dan saudagar itu dan ketiga-tiga anaknya berusaha untuk berternak
Belle s'est levée à quatre heures du matin
kecantikan meningkat pada pukul empat pagi
et elle s'est dépêchée de nettoyer la maison
dan dia bergegas membersihkan rumah
et elle s'est assurée que le dîner était prêt
dan dia memastikan makan malam sudah siap
au début, elle a trouvé sa nouvelle vie très difficile
pada mulanya dia mendapati kehidupan barunya sangat sukar
parce qu'elle n'était pas habituée à un tel travail
kerana dia tidak biasa dengan kerja sebegitu
mais en moins de deux mois elle est devenue plus forte
tetapi dalam masa kurang dari dua bulan dia menjadi lebih kuat
et elle était en meilleure santé que jamais auparavant
dan dia lebih sihat berbanding sebelum ini
après avoir fait son travail, elle a lu
selepas dia membuat kerja dia membaca
elle jouait du clavecin
dia bermain harpsichord
ou elle chantait en filant de la soie
atau dia menyanyi sambil memutar sutera
au contraire, ses deux sœurs ne savaient pas comment passer leur temps
sebaliknya, dua kakaknya tidak tahu bagaimana untuk menghabiskan masa mereka
ils se sont levés à dix heures et n'ont rien fait d'autre que

paresser toute la journée
mereka bangun pada pukul sepuluh dan tidak melakukan apa-apa selain bermalas-malasan sepanjang hari
ils ont déploré la perte de leurs beaux vêtements
mereka meratapi kehilangan pakaian indah mereka
et ils se sont plaints d'avoir perdu leurs connaissances
dan mereka mengadu tentang kehilangan kenalan mereka
« Regardez notre plus jeune sœur », se dirent-ils.
"Lihatlah adik bongsu kita," kata mereka sesama sendiri
"Quelle pauvre et stupide créature elle est"
"Makhluk yang miskin dan bodoh dia"
"C'est mesquin de se contenter de si peu"
"Ini bermakna untuk berpuas hati dengan sedikit"
le gentil marchand était d'un avis tout à fait différent
peniaga yang baik hati itu agak berbeza pendapat
il savait très bien que Belle éclipsait ses sœurs
dia tahu betul kecantikan itu mengatasi adik-adiknya
elle les a surpassés en caractère ainsi qu'en esprit
dia mengatasi mereka dalam perwatakan serta fikiran
il admirait son humilité et son travail acharné
dia mengagumi kerendahan hati dan kerja kerasnya
mais il admirait surtout sa patience
tetapi yang paling penting dia mengagumi kesabarannya
ses sœurs lui ont laissé tout le travail à faire
adik-adiknya meninggalkan semua kerja yang perlu dilakukan
et ils l'insultaient à chaque instant
dan mereka menghinanya setiap saat
La famille vivait ainsi depuis environ un an.
Keluarga itu telah hidup seperti ini selama lebih kurang setahun
puis le commerçant a reçu une lettre d'un comptable
kemudian saudagar itu mendapat surat daripada seorang akauntan
il avait un investissement dans un navire

dia mempunyai pelaburan dalam sebuah kapal
et le navire était arrivé sain et sauf
dan kapal telah selamat sampai
Cette nouvelle a fait tourner les têtes des deux filles aînées
t beritanya memusingkan kepala dua anak perempuan sulung itu
ils ont immédiatement eu l'espoir de revenir en ville
mereka segera mempunyai harapan untuk kembali ke bandar
parce qu'ils étaient assez fatigués de la vie à la campagne
kerana mereka agak bosan dengan kehidupan desa
ils sont allés vers leur père alors qu'il partait
mereka pergi kepada bapa mereka ketika dia akan pergi
ils l'ont supplié de leur acheter de nouveaux vêtements
mereka memohon supaya dia membelikan mereka pakaian baru
des robes, des rubans et toutes sortes de petites choses
pakaian, reben, dan segala macam perkara kecil
mais Belle n'a rien demandé
tetapi kecantikan tidak meminta apa-apa
parce qu'elle pensait que l'argent ne serait pas suffisant
kerana dia fikir wang itu tidak akan mencukupi
il n'y aurait pas assez pour acheter tout ce que ses sœurs voulaient
tidak akan cukup untuk membeli semua yang adik-adiknya inginkan
"Que veux-tu, ma belle ?" demanda son père
"Apa yang awak mahu, cantik?" tanya ayahnya
« Merci, père, pour la bonté de penser à moi », dit-elle
"Terima kasih, ayah, atas kebaikan untuk memikirkan saya," katanya
« Père, ayez la gentillesse de m'apporter une rose »
"Ayah, tolonglah bawakan saya sekuntum bunga mawar"
"parce qu'aucune rose ne pousse ici dans le jardin"

"kerana tiada bunga ros tumbuh di sini di taman"
"et les roses sont une sorte de rareté"
"dan bunga ros adalah sejenis yang jarang berlaku"
Belle ne se souciait pas vraiment des roses
kecantikan tidak begitu mempedulikan bunga ros
elle a juste demandé quelque chose pour ne pas condamner ses sœurs
dia hanya meminta sesuatu untuk tidak mengutuk adik-adiknya
mais ses sœurs pensaient qu'elle avait demandé des roses pour d'autres raisons
tetapi adik-adiknya fikir dia meminta bunga ros atas sebab lain
"Elle l'a fait juste pour avoir l'air particulière"
"dia melakukannya hanya untuk kelihatan istimewa"
L'homme gentil est parti en voyage
Lelaki yang baik hati itu meneruskan perjalanannya
mais quand il est arrivé, ils se sont disputés à propos de la marchandise
tetapi apabila dia tiba mereka bertengkar tentang barang dagangan itu
et après beaucoup d'ennuis, il est revenu aussi pauvre qu'avant
dan selepas banyak kesusahan dia kembali miskin seperti dahulu
il était à quelques heures de sa propre maison
dia berada dalam masa beberapa jam dari rumahnya sendiri
et il imaginait déjà la joie de revoir ses enfants
dan dia sudah membayangkan kegembiraan melihat anak-anaknya
mais en traversant la forêt, il s'est perdu
tapi bila melalui hutan dia tersesat
il a plu et neigé terriblement
hujan turun dan salji turun dengan lebat

le vent était si fort qu'il l'a fait tomber de son cheval
angin sangat kuat sehingga melemparkannya dari kudanya
et la nuit arrivait rapidement
dan malam tiba dengan cepat
il a commencé à penser qu'il pourrait mourir de faim
dia mula berfikir bahawa dia mungkin kelaparan
et il pensait qu'il pourrait mourir de froid
dan dia berfikir bahawa dia mungkin mati beku
et il pensait que les loups pourraient le manger
dan dia fikir serigala boleh memakannya
les loups qu'il entendait hurler tout autour de lui
serigala yang dia dengar melolong di sekelilingnya
mais tout à coup il a vu une lumière
tapi tiba-tiba dia nampak satu cahaya
il a vu la lumière au loin à travers les arbres
dia melihat cahaya dari jauh melalui pepohonan
quand il s'est approché, il a vu que la lumière était un palais
apabila dia semakin dekat dia melihat cahaya itu adalah sebuah istana
le palais était illuminé de haut en bas
istana itu diterangi dari atas ke bawah
le marchand a remercié Dieu pour sa chance
saudagar itu bersyukur kepada Tuhan atas nasibnya
et il se précipita vers le palais
dan dia bergegas ke istana
mais il fut surpris de ne voir personne dans le palais
tetapi dia terkejut melihat tiada orang di dalam istana
la cour était complètement vide
halaman mahkamah itu benar-benar kosong
et il n'y avait aucun signe de vie nulle part
dan tiada tanda-tanda kehidupan di mana-mana
son cheval le suivit dans le palais
kudanya mengikutinya ke dalam istana
et puis son cheval a trouvé une grande écurie

dan kemudian kudanya mendapati kandang besar
le pauvre animal était presque affamé
haiwan malang itu hampir kelaparan
alors son cheval est allé chercher du foin et de l'avoine
jadi kudanya masuk untuk mencari jerami dan oat
Heureusement, il a trouvé beaucoup à manger
mujur dia dapat makan banyak
et le marchand attacha son cheval à la mangeoire
dan saudagar itu mengikat kudanya pada palungan
En marchant vers la maison, il n'a vu personne
walking menuju ke rumah dia tidak nampak sesiapa
mais dans une grande salle il trouva un bon feu
tetapi dalam dewan yang besar dia mendapati api yang baik
et il a trouvé une table dressée pour une personne
dan dia menjumpai set meja untuk satu
il était mouillé par la pluie et la neige
dia basah oleh hujan dan salji
alors il s'est approché du feu pour se sécher
jadi dia pergi dekat api untuk mengeringkan dirinya
« J'espère que le maître de maison m'excusera »
"Saya harap tuan rumah akan maafkan saya"
« Je suppose qu'il ne faudra pas longtemps pour que quelqu'un apparaisse »
"Saya rasa ia tidak akan mengambil masa yang lama untuk seseorang muncul"
Il a attendu un temps considérable
Dia menunggu agak lama
il a attendu jusqu'à ce que onze heures sonnent, et toujours personne n'est venu
dia menunggu sehingga pukul sebelas, dan masih tiada siapa yang datang
enfin, il avait tellement faim qu'il ne pouvait plus attendre
akhirnya dia sangat lapar sehingga dia tidak boleh

menunggu lagi
il a pris du poulet et l'a mangé en deux bouchées
dia mengambil sedikit ayam dan memakannya dalam dua suapan
il tremblait en mangeant la nourriture
dia terketar-ketar semasa memakan makanan itu
après cela, il a bu quelques verres de vin
selepas ini dia minum beberapa gelas arak
devenant plus courageux, il sortit du hall
semakin berani dia keluar dari dewan
et il traversa plusieurs grandes salles
dan dia menyeberang melalui beberapa dewan besar
il a traversé le palais jusqu'à ce qu'il arrive dans une chambre
dia berjalan melalui istana sehingga dia masuk ke dalam bilik
une chambre qui contenait un très bon lit
sebuah bilik yang mempunyai katil yang sangat baik di dalamnya
il était très fatigué par son épreuve
dia sangat penat dengan ujian yang dialaminya
et il était déjà minuit passé
dan waktu sudah lewat tengah malam
alors il a décidé qu'il était préférable de fermer la porte
jadi dia memutuskan adalah yang terbaik untuk menutup pintu
et il a conclu qu'il devrait aller se coucher
dan dia membuat kesimpulan bahawa dia harus pergi tidur
Il était dix heures du matin lorsque le marchand s'est réveillé
Pukul sepuluh pagi barulah saudagar itu bangun
au moment où il allait se lever, il vit quelque chose
baru sahaja dia hendak bangun dia ternampak sesuatu
il a été étonné de voir un ensemble de vêtements propres
dia terperanjat melihat satu set pakaian yang bersih

à l'endroit où il avait laissé ses vêtements sales
di tempat dia telah meninggalkan pakaiannya yang kotor
"ce palais appartient certainement à une sorte de fée"
"sudah tentu istana ini kepunyaan bidadari yang baik hati"
" une fée qui m'a vu et qui a eu pitié de moi"
" seorang dongeng yang telah melihat dan mengasihani saya"
il a regardé à travers une fenêtre
dia melihat melalui tingkap
mais au lieu de neige, il vit le jardin le plus charmant
tetapi bukannya salji dia melihat taman yang paling menarik
et dans le jardin il y avait les plus belles roses
dan di taman itu terdapat bunga ros yang paling indah
il est ensuite retourné dans la grande salle
dia kemudian kembali ke dewan besar
la salle où il avait mangé de la soupe la veille
dewan tempat dia makan sup pada malam sebelumnya
et il a trouvé du chocolat sur une petite table
dan dia menjumpai coklat di atas meja kecil
« Merci, bonne Madame la Fée », dit-il à voix haute.
"Terima kasih, Puan Fairy yang baik," katanya lantang
"Merci d'être si attentionné"
"terima kasih kerana begitu mengambil berat"
« Je vous suis extrêmement reconnaissant pour toutes vos faveurs »
"Saya amat bertanggungjawab kepada anda untuk semua nikmat anda"
l'homme gentil a bu son chocolat
lelaki yang baik hati itu minum coklatnya
et puis il est allé chercher son cheval
dan kemudian dia pergi mencari kudanya
mais dans le jardin il se souvint de la demande de Belle
tetapi di taman dia teringat permintaan kecantikan
et il coupa une branche de roses

dan dia memotong dahan bunga ros
immédiatement il entendit un grand bruit
serta-merta dia mendengar bunyi yang hebat
et il vit une bête terriblement effrayante
dan dia melihat seekor binatang yang amat menakutkan
il était tellement effrayé qu'il était sur le point de s'évanouir
dia sangat takut sehingga dia bersedia untuk pengsan
« **Tu es bien ingrat** », **lui dit la bête.**
"Kamu sangat tidak berterima kasih," kata binatang itu kepadanya
et la bête parla d'une voix terrible
dan binatang itu bercakap dengan suara yang mengerikan
« **Je t'ai sauvé la vie en te laissant entrer dans mon château** »
"Saya telah menyelamatkan nyawa awak dengan membenarkan awak masuk ke dalam istana saya"
"**et pour ça tu me voles mes roses en retour ?**"
"dan untuk ini awak mencuri bunga ros saya sebagai balasan?"
« **Les roses que j'apprécie plus que tout** »
"Mawar yang saya hargai melebihi apa-apa"
"**mais tu mourras pour ce que tu as fait**"
"tetapi kamu akan mati kerana apa yang kamu telah lakukan"
« **Je ne vous donne qu'un quart d'heure pour vous préparer** »
"Saya beri awak hanya seperempat jam untuk mempersiapkan diri"
« **Préparez-vous à la mort et dites vos prières** »
"Bersedialah untuk menghadapi kematian dan berdoalah"
le marchand tomba à genoux
saudagar itu jatuh melutut
et il leva ses deux mains
dan dia mengangkat kedua tangannya

« Monseigneur, je vous supplie de me pardonner »
"Tuanku, patik mohon ampunkan aku"
« Je n'avais aucune intention de t'offenser »
"Saya tidak berniat untuk menyinggung perasaan awak"
« J'ai cueilli une rose pour une de mes filles »
"Saya mengumpulkan sekuntum mawar untuk salah seorang anak perempuan saya"
"elle m'a demandé de lui apporter une rose"
"dia minta saya bawakan sekuntum bunga ros"
« Je ne suis pas ton seigneur, mais je suis une bête », répondit le monstre
"Saya bukan tuanmu, tetapi saya seekor binatang," jawab raksasa itu
« Je n'aime pas les compliments »
"Saya tidak suka pujian"
« J'aime les gens qui parlent comme ils pensent »
"Saya suka orang yang bercakap seperti yang mereka fikirkan"
« N'imaginez pas que je puisse être ému par la flatterie »
"jangan bayangkan saya boleh terharu dengan sanjungan"
« Mais tu dis que tu as des filles »
"Tapi awak cakap awak ada anak perempuan"
"Je te pardonnerai à une condition"
"Saya akan maafkan awak dengan satu syarat"
« L'une de vos filles doit venir volontairement à mon palais »
"salah seorang anak perempuan kamu mesti datang ke istana saya dengan rela hati"
"et elle doit souffrir pour toi"
"dan dia mesti menderita untuk awak"
« Donne-moi ta parole »
"Izinkan saya menyampaikan kata-kata anda"
"et ensuite tu pourras vaquer à tes occupations"
"dan kemudian anda boleh meneruskan perniagaan anda"
« Promets-moi ceci : »

"Janji dengan saya ini:"
"Si votre fille refuse de mourir pour vous, vous devez revenir dans les trois mois"
"Jika anak perempuan anda enggan mati untuk anda, anda mesti kembali dalam masa tiga bulan"
le marchand n'avait aucune intention de sacrifier ses filles
saudagar itu tidak berniat untuk mengorbankan anak perempuannya
mais, comme on lui en donnait le temps, il voulait revoir ses filles une fois de plus
tetapi, memandangkan dia diberi masa, dia ingin berjumpa dengan anak-anak perempuannya sekali lagi
alors il a promis qu'il reviendrait
jadi dia berjanji akan kembali
et la bête lui dit qu'il pouvait partir quand il le voudrait
dan binatang itu memberitahunya bahawa dia boleh pergi apabila dia mahu
et la bête lui dit encore une chose
dan binatang itu memberitahunya satu perkara lagi
« Tu ne partiras pas les mains vides »
"kamu tidak boleh pergi dengan tangan kosong"
« retourne dans la pièce où tu étais allongé »
"Balik ke bilik tempat awak berbaring"
« vous verrez un grand coffre au trésor vide »
"anda akan melihat peti harta karun yang besar"
« Remplissez le coffre aux trésors avec ce que vous préférez »
"isi peti harta karun dengan apa sahaja yang anda suka"
"et j'enverrai le coffre au trésor chez toi"
"dan saya akan menghantar peti harta karun ke rumah anda"
et en même temps la bête s'est retirée
dan pada masa yang sama binatang itu berundur
« Eh bien, » se dit le bon homme

"Baiklah," kata lelaki yang baik itu kepada dirinya sendiri
« **Si je dois mourir, je laisserai au moins quelque chose à mes enfants** »
"Jika saya mesti mati, saya akan meninggalkan sesuatu untuk anak-anak saya"
alors il retourna dans la chambre à coucher
jadi dia kembali ke bilik tidur
et il a trouvé une grande quantité de pièces d'or
dan dia mendapati banyak keping emas
il a rempli le coffre au trésor que la bête avait mentionné
dia memenuhi peti harta karun yang disebut oleh binatang itu
et il sortit son cheval de l'écurie
dan dia mengeluarkan kudanya dari kandang
la joie qu'il ressentait en entrant dans le palais était désormais égale à la douleur qu'il ressentait en le quittant
kegembiraan yang dirasainya ketika memasuki istana itu kini menyamai kesedihan yang dirasainya meninggalkannya
le cheval a pris un des chemins de la forêt
kuda itu mengambil salah satu jalan di hutan
et quelques heures plus tard, le bon homme était à la maison
dan dalam beberapa jam lelaki yang baik itu telah pulang
ses enfants sont venus à lui
anak-anaknya datang kepadanya
mais au lieu de recevoir leurs étreintes avec plaisir, il les regardait
tetapi daripada menerima pelukan mereka dengan senang hati, dia memandang mereka
il brandit la branche qu'il tenait dans ses mains
dia mengangkat dahan yang ada di tangannya
et puis il a fondu en larmes
dan kemudian dia menangis
« **Belle** », dit-il, « **s'il te plaît, prends ces roses** »

"Cantik," katanya, "tolong ambil mawar ini"
"Vous ne pouvez pas savoir à quel point ces roses ont été chères"
"anda tidak boleh tahu betapa mahalnya bunga mawar ini"
"Ces roses ont coûté la vie à ton père"
"bunga ros ini telah meragut nyawa ayah kamu"
et puis il raconta sa fatale aventure
dan kemudian dia menceritakan pengembaraan mautnya
immédiatement les deux sœurs aînées crièrent
serta-merta dua orang kakak sulung itu menjerit
et ils ont dit beaucoup de choses méchantes à leur belle sœur
dan mereka berkata banyak perkara jahat kepada kakak mereka yang cantik
mais Belle n'a pas pleuré du tout
tetapi kecantikan tidak menangis sama sekali
« Regardez l'orgueil de ce petit misérable », dirent-ils.
"Lihatlah kebanggaan si celaka kecil itu," kata mereka
"elle n'a pas demandé de beaux vêtements"
"dia tidak meminta pakaian yang bagus"
"Elle aurait dû faire ce que nous avons fait"
"dia sepatutnya melakukan apa yang kita lakukan"
"elle voulait se distinguer"
"dia mahu membezakan dirinya"
"alors maintenant elle sera la mort de notre père"
"jadi sekarang dia akan menjadi kematian ayah kita"
"et pourtant elle ne verse pas une larme"
"namun dia tidak menitiskan air mata"
"Pourquoi devrais-je pleurer ?" répondit Belle
"Kenapa saya perlu menangis?" jawab kecantikan
« pleurer serait très inutile »
"menangis akan menjadi sangat sia-sia"
« Mon père ne souffrira pas pour moi »
"Ayah saya tidak akan menderita untuk saya"
"le monstre acceptera une de ses filles"

"raksasa itu akan menerima salah seorang anak perempuannya"
« Je m'offrirai à toute sa fureur »
"Saya akan mempersembahkan diri saya kepada semua kemarahannya"
« Je suis très heureux, car ma mort sauvera la vie de mon père »
"Saya sangat gembira, kerana kematian saya akan menyelamatkan nyawa ayah saya"
"ma mort sera une preuve de mon amour"
"kematianku akan menjadi bukti cintaku"
« Non, ma sœur », dirent ses trois frères
"Tidak, kakak," kata tiga orang abangnya
"cela ne sera pas"
"itu tidak akan menjadi"
"nous allons chercher le monstre"
"kita akan pergi mencari raksasa itu"
"et soit on le tue..."
"dan sama ada kita akan membunuhnya..."
« ... ou nous périrons dans cette tentative »
"... atau kita akan binasa dalam percubaan"
« N'imaginez rien de tel, mes fils », dit le marchand.
"Jangan bayangkan perkara seperti itu, anak-anakku," kata saudagar itu
"La puissance de la bête est si grande que je n'ai aucun espoir que tu puisses la vaincre"
"Kekuatan binatang itu sangat hebat sehingga saya tidak berharap anda dapat mengatasinya"
« Je suis charmé par l'offre aimable et généreuse de Belle »
"Saya terpesona dengan tawaran cantik dan murah hati"
"mais je ne peux pas accepter sa générosité"
"tetapi saya tidak boleh menerima kemurahan hatinya"
« Je suis vieux et je n'ai plus beaucoup de temps à vivre »
"Saya sudah tua, dan saya tidak mempunyai masa yang

lama untuk hidup"
"**Je ne peux donc perdre que quelques années**"
"jadi saya hanya boleh kehilangan beberapa tahun"
"**un temps que je regrette pour vous, mes chers enfants**"
"masa yang saya kesalkan untuk kamu, anak-anakku sayang"
« **Mais père** », **dit Belle**
"Tetapi ayah," kata kecantikan
"**tu n'iras pas au palais sans moi**"
"anda tidak boleh pergi ke istana tanpa saya"
"**tu ne peux pas m'empêcher de te suivre**"
"Anda tidak boleh menghalang saya daripada mengikuti anda"
rien ne pourrait convaincre Belle autrement
tiada apa yang boleh meyakinkan kecantikan sebaliknya
elle a insisté pour aller au beau palais
dia berkeras untuk pergi ke istana yang indah itu
et ses sœurs étaient ravies de son insistance
dan adik-adiknya gembira dengan desakannya
Le marchand était inquiet à l'idée de perdre sa fille
Peniaga itu bimbang apabila memikirkan kehilangan anak perempuannya
il était tellement inquiet qu'il avait oublié le coffre rempli d'or
dia sangat risau sehinggakan dia terlupa tentang dada yang penuh dengan emas
la nuit, il se retirait pour se reposer et fermait la porte de sa chambre
pada waktu malam dia bersara untuk berehat, dan dia menutup pintu biliknya
puis, à sa grande surprise, il trouva le trésor à côté de son lit
kemudian, dengan kehairanan yang besar, dia mendapati harta itu di sebelah katilnya
il était déterminé à ne rien dire à ses enfants

dia bertekad untuk tidak memberitahu anak-anaknya
s'ils savaient, ils auraient voulu retourner en ville
kalau mereka tahu, pasti mereka mahu pulang ke bandar
et il était résolu à ne pas quitter la campagne
dan dia bertekad untuk tidak meninggalkan kawasan luar bandar
mais il confia le secret à Belle
tetapi dia mempercayai kecantikan dengan rahsia itu
elle l'informa que deux messieurs étaient venus
dia memberitahunya bahawa dua orang lelaki telah datang
et ils ont fait des propositions à ses sœurs
dan mereka melamar adik-adiknya
elle a supplié son père de consentir à leur mariage
dia merayu ayahnya untuk merestui perkahwinan mereka
et elle lui a demandé de leur donner une partie de sa fortune
dan dia memintanya untuk memberikan mereka sebahagian daripada kekayaannya
elle leur avait déjà pardonné
dia sudah memaafkan mereka
les méchantes créatures se frottaient les yeux avec des oignons
makhluk jahat itu menggosok mata mereka dengan bawang
pour forcer quelques larmes quand ils se sont séparés de leur sœur
untuk memaksa beberapa air mata apabila mereka berpisah dengan kakak mereka
mais ses frères étaient vraiment inquiets
tetapi abang-abangnya benar-benar prihatin
Belle était la seule à ne pas verser de larmes
kecantikan adalah satu-satunya yang tidak menitiskan air mata
elle ne voulait pas augmenter leur malaise
dia tidak mahu menambah keresahan mereka

le cheval a pris la route directe vers le palais
kuda itu mengambil jalan terus ke istana
et vers le soir ils virent le palais illuminé
dan menjelang petang mereka melihat istana yang bercahaya
le cheval est rentré à l'écurie
kuda itu membawa dirinya ke dalam kandang semula
et le bon homme et sa fille entrèrent dans la grande salle
dan lelaki yang baik dan anak perempuannya pergi ke dewan besar
ici ils ont trouvé une table magnifiquement dressée
di sini mereka mendapati sebuah meja yang terhidang dengan indah
le marchand n'avait pas d'appétit pour manger
saudagar itu tidak berselera untuk makan
mais Belle s'efforçait de paraître joyeuse
tetapi kecantikan berusaha untuk kelihatan ceria
elle s'est assise à table et a aidé son père
dia duduk di meja dan membantu ayahnya
mais elle pensait aussi :
tetapi dia juga berfikir pada dirinya sendiri:
"La bête veut sûrement m'engraisser avant de me manger"
"Binatang pasti mahu menggemukkan saya sebelum dia memakan saya"
"c'est pourquoi il offre autant de divertissement"
"sebab itu dia menyediakan hiburan yang banyak"
après avoir mangé, ils entendirent un grand bruit
selepas mereka makan mereka mendengar bunyi yang kuat
et le marchand fit ses adieux à son malheureux enfant, les larmes aux yeux
dan saudagar itu mengucapkan selamat tinggal kepada anaknya yang malang itu, dengan linangan air mata
parce qu'il savait que la bête allait venir
kerana dia tahu binatang itu akan datang
Belle était terrifiée par sa forme horrible

kecantikan sangat takut dengan bentuknya yang mengerikan

mais elle a pris courage du mieux qu'elle a pu
tetapi dia mengambil keberanian sebaik mungkin

et le monstre lui a demandé si elle était venue volontairement
dan raksasa itu bertanya kepadanya sama ada dia datang dengan rela

"Oui, je suis venue volontiers", dit-elle en tremblant
"Ya, saya datang dengan rela hati," katanya terketar-ketar

la bête répondit : « Tu es très bon »
binatang itu menjawab, "Kamu sangat baik"

"et je vous suis très reconnaissant, honnête homme"
"dan saya sangat berkewajiban kepada anda; orang yang jujur"

« Allez-y demain matin »
"pergilah esok pagi"

"mais ne pense plus jamais à revenir ici"
"tetapi jangan pernah terfikir untuk datang ke sini lagi"

« Adieu Belle, adieu bête », répondit-il
"Selamat tinggal kecantikan, selamat tinggal binatang," jawabnya

et immédiatement le monstre s'est retiré
dan segera raksasa itu berundur

« Oh, ma fille », dit le marchand
"Oh, anak perempuan," kata saudagar itu

et il embrassa sa fille une fois de plus
dan dia memeluk anak perempuannya sekali lagi

« Je suis presque mort de peur »
"Saya hampir mati ketakutan"

"crois-moi, tu ferais mieux de rentrer"
"Percayalah, lebih baik kamu kembali"

"Laisse-moi rester ici, à ta place"
"biar saya tinggal di sini, bukannya awak"

« Non, père », dit Belle d'un ton résolu.

"Tidak, ayah," kata kecantikan, dengan nada tegas
"tu partiras demain matin"
"Esok pagi kamu akan berangkat"
« Laissez-moi aux soins et à la protection de la Providence »
"serahkan saya kepada pemeliharaan dan perlindungan rezeki"
néanmoins ils sont allés se coucher
walau bagaimanapun mereka pergi tidur
ils pensaient qu'ils ne fermeraient pas les yeux de la nuit
mereka fikir mereka tidak akan menutup mata sepanjang malam
mais juste au moment où ils se couchaient, ils s'endormirent
tetapi hanya ketika mereka berbaring mereka tidur
La belle rêva qu'une belle dame venait et lui disait :
kecantikan bermimpi seorang wanita cantik datang dan berkata kepadanya:
« Je suis content, Belle, de ta bonne volonté »
"Saya berpuas hati, cantik, dengan kehendak baik anda"
« Cette bonne action de votre part ne restera pas sans récompense »
"Tindakan baik kamu ini tidak akan sia-sia"
Belle s'est réveillée et a raconté son rêve à son père
kecantikan bangun dan memberitahu ayahnya mimpinya
le rêve l'a aidé à se réconforter un peu
mimpi itu membantu untuk menghiburkannya sedikit
mais il ne pouvait s'empêcher de pleurer amèrement en partant
tetapi dia tidak dapat menahan tangisannya ketika dia akan pergi
Dès qu'il fut parti, Belle s'assit dans la grande salle et pleura aussi
sebaik sahaja dia pergi, kecantikan duduk di dewan besar dan menangis juga

mais elle résolut de ne pas s'inquiéter
tetapi dia memutuskan untuk tidak berasa gelisah
elle a décidé d'être forte pour le peu de temps qui lui restait à vivre
dia memutuskan untuk menjadi kuat untuk sedikit masa yang dia tinggalkan untuk hidup
parce qu'elle croyait fermement que la bête la mangerait
kerana dia sangat percaya binatang itu akan memakannya
Cependant, elle pensait qu'elle pourrait aussi bien explorer le palais
Walau bagaimanapun, dia fikir dia juga boleh meneroka istana
et elle voulait voir le beau château
dan dia mahu melihat istana yang indah itu
un château qu'elle ne pouvait s'empêcher d'admirer
sebuah istana yang dia tidak dapat mengelak mengagumi
c'était un palais délicieusement agréable
ia adalah sebuah istana yang menyenangkan
et elle fut extrêmement surprise de voir une porte
dan dia sangat terkejut apabila melihat sebuah pintu
et sur la porte il était écrit que c'était sa chambre
dan di atas pintu itu tertulis bahawa itu adalah biliknya
elle a ouvert la porte à la hâte
dia membuka pintu dengan tergesa-gesa
et elle était tout à fait éblouie par la magnificence de la pièce
dan dia agak terpesona dengan kemegahan bilik itu
ce qui a principalement retenu son attention était une grande bibliothèque
apa yang paling menarik perhatiannya ialah sebuah perpustakaan yang besar
un clavecin et plusieurs livres de musique
sebuah harpsichord dan beberapa buku muzik
« Eh bien, » se dit-elle
"Nah," katanya kepada dirinya sendiri

« Je vois que la bête ne laissera pas mon temps peser sur moi »
"Saya melihat binatang itu tidak akan membiarkan masa saya tergantung berat"
puis elle réfléchit à sa situation
kemudian dia merenung sendiri tentang keadaannya
« Si je devais rester un jour, tout cela ne serait pas là »
"Jika saya dimaksudkan untuk tinggal sehari, semua ini tidak akan ada di sini"
cette considération lui inspira un courage nouveau
pertimbangan ini memberi inspirasi kepadanya dengan keberanian yang segar
et elle a pris un livre de sa nouvelle bibliothèque
dan dia mengambil buku dari perpustakaan baharunya
et elle lut ces mots en lettres d'or :
dan dia membaca kata-kata ini dalam huruf emas:
« Accueillez Belle, bannissez la peur »
"Selamat datang cantik, buang ketakutan"
« Vous êtes reine et maîtresse ici »
"Anda adalah permaisuri dan perempuan simpanan di sini"
« Exprimez vos souhaits, exprimez votre volonté »
"Cakap kehendak anda, luahkan kehendak anda"
« L'obéissance rapide répond ici à vos souhaits »
"Ketaatan pantas memenuhi kehendak anda di sini"
« Hélas, dit-elle avec un soupir
"Aduhai," katanya sambil mengeluh
« Ce que je souhaite par-dessus tout, c'est revoir mon pauvre père. »
"Paling penting saya ingin melihat ayah saya yang malang"
"et j'aimerais savoir ce qu'il fait"
"dan saya ingin tahu apa yang dia lakukan"
Dès qu'elle eut dit cela, elle remarqua le miroir
Sebaik sahaja dia berkata demikian, dia melihat cermin itu
à sa grande surprise, elle vit sa propre maison dans le

miroir
sangat hairan dia melihat rumahnya sendiri di cermin
son père est arrivé émotionnellement épuisé
bapanya tiba dalam keadaan letih
ses sœurs sont allées à sa rencontre
adik-adiknya pergi menemuinya
malgré leurs tentatives de paraître tristes, leur joie était visible
walaupun mereka cuba untuk kelihatan sedih, kegembiraan mereka dapat dilihat
un instant plus tard, tout a disparu
sekejap kemudian semuanya hilang
et les appréhensions de Belle ont également disparu
dan kebimbangan kecantikan juga hilang
car elle savait qu'elle pouvait faire confiance à la bête
kerana dia tahu dia boleh mempercayai binatang itu
À midi, elle trouva le dîner prêt
Pada tengah hari dia mendapati makan malam sudah siap
elle s'est assise à la table
dia duduk di meja
et elle a été divertie avec un concert de musique
dan dia dihiburkan dengan konsert muzik
même si elle ne pouvait voir personne
walaupun dia tidak dapat melihat sesiapa pun
le soir, elle s'est à nouveau assise pour dîner
pada waktu malam dia duduk untuk makan malam lagi
cette fois elle entendit le bruit que faisait la bête
kali ini dia mendengar bunyi yang dibuat oleh binatang itu
et elle ne pouvait s'empêcher d'être terrifiée
dan dia tidak dapat menahan ketakutan
"Belle", dit le monstre
"kecantikan," kata raksasa itu
"est-ce que tu me permets de manger avec toi ?"
"Awak benarkan saya makan dengan awak?"
« Fais comme tu veux », répondit Belle en tremblant

"buat sesuka hati," jawab kecantikan terketar-ketar
"Non", répondit la bête
"Tidak," jawab binatang itu
"tu es seule la maîtresse ici"
"anda seorang perempuan simpanan di sini"
"tu peux me renvoyer si je suis gênant"
"awak boleh hantar saya pergi kalau saya susah"
« renvoyez-moi et je me retirerai immédiatement »
"Hantar saya pergi dan saya akan segera menarik diri"
« Mais dis-moi, ne me trouves-tu pas très laide ? »
"Tetapi, beritahu saya; adakah anda tidak fikir saya sangat hodoh?"
"C'est vrai", dit Belle
"Itu benar," kata kecantikan
« Je ne peux pas mentir »
"Saya tidak boleh bercakap bohong"
"mais je crois que tu es de très bonne nature"
"tetapi saya percaya awak sangat baik"
« Je le suis en effet », dit le monstre
"Saya memang," kata raksasa itu
« Mais à part ma laideur, je n'ai pas non plus de bon sens »
"Tetapi selain dari keburukan saya, saya juga tidak mempunyai akal"
« Je sais très bien que je suis une créature stupide »
"Saya tahu betul bahawa saya adalah makhluk yang bodoh"
« Ce n'est pas un signe de folie de penser ainsi », répondit Belle.
"Ia bukan tanda kebodohan untuk berfikir begitu," jawab kecantikan
« Mange donc, belle », dit le monstre
"Makan kemudian, cantik," kata raksasa itu
« essaie de t'amuser dans ton palais »
"cuba berhibur di istanamu"

"tout ici est à toi"
"semua di sini adalah milik anda"
"et je serais très mal à l'aise si tu n'étais pas heureux"
"dan saya akan berasa sangat tidak senang jika anda tidak gembira"
« Vous êtes très obligeant », répondit Belle
"Anda sangat mewajibkan," jawab kecantikan
« J'avoue que je suis heureux de votre gentillesse »
"Saya akui saya redha dengan kebaikan awak"
« et quand je considère votre gentillesse, je remarque à peine vos difformités »
"dan apabila saya mempertimbangkan kebaikan anda, saya hampir tidak menyedari kecacatan anda"
« Oui, oui, dit la bête, mon cœur est bon.
"Ya, ya," kata binatang itu, "hati saya baik
"mais même si je suis bon, je suis toujours un monstre"
"tetapi walaupun saya baik, saya tetap raksasa"
« Il y a beaucoup d'hommes qui méritent ce nom plus que toi »
"Terdapat ramai lelaki yang lebih berhak mendapat nama itu daripada kamu"
"et je te préfère tel que tu es"
"dan saya lebih suka awak seadanya"
"et je te préfère à ceux qui cachent un cœur ingrat"
"dan aku lebih mengutamakan kamu daripada mereka yang menyembunyikan hati yang kufur"
"Si seulement j'avais un peu de bon sens", répondit la bête
"Sekiranya saya mempunyai akal," jawab binatang itu
"Si j'avais du bon sens, je vous ferais un beau compliment pour vous remercier"
"Jika saya mempunyai akal, saya akan membuat pujian yang baik untuk mengucapkan terima kasih"
"mais je suis si ennuyeux"
"tetapi saya sangat membosankan"

« Je peux seulement dire que je vous suis très reconnaissant »
"Saya hanya boleh mengatakan bahawa saya sangat bertanggungjawab kepada anda"
Belle a mangé un copieux souper
kecantikan makan malam yang enak
et elle avait presque vaincu sa peur du monstre
dan dia telah hampir menakluki ketakutannya terhadap raksasa itu
mais elle a voulu s'évanouir lorsque la bête lui a posé la question suivante
tetapi dia mahu pengsan apabila binatang itu bertanya kepadanya soalan seterusnya
"Belle, veux-tu être ma femme ?"
"cantik, sudikah awak menjadi isteri saya?"
elle a mis du temps avant de pouvoir répondre
dia mengambil sedikit masa sebelum dia boleh menjawab
parce qu'elle avait peur de le mettre en colère
kerana dia takut membuat dia marah
Mais finalement elle dit "non, bête"
akhirnya, bagaimanapun, dia berkata "tidak, binatang"
immédiatement le pauvre monstre siffla très effroyablement
serta-merta raksasa malang itu mendesis dengan sangat menakutkan
et tout le palais résonna
dan seluruh istana bergema
mais Belle se remit bientôt de sa frayeur
tetapi kecantikan segera pulih daripada ketakutannya
parce que la bête parla encore d'une voix lugubre
kerana binatang itu bercakap lagi dengan suara yang sedih
"Alors adieu, Belle"
"maka selamat tinggal, cantik"
et il ne se retournait que de temps en temps
dan dia hanya menoleh ke belakang

de la regarder alors qu'il sortait
untuk melihatnya semasa dia keluar
maintenant Belle était à nouveau seule
kini kecantikan kembali bersendirian
elle ressentait beaucoup de compassion
dia berasa amat belas kasihan
"Hélas, c'est mille fois dommage"
"Aduhai, seribu kesian"
"tout ce qui est si bon ne devrait pas être si laid"
"sesuatu yang berbudi pekerti yang baik seharusnya tidak begitu hodoh"
Belle a passé trois mois très heureuse dans le palais
kecantikan menghabiskan tiga bulan dengan sangat puas di istana
chaque soir la bête lui rendait visite
setiap petang binatang itu melawatnya
et ils ont parlé pendant le dîner
dan mereka bercakap semasa makan malam
ils ont parlé avec bon sens
mereka bercakap dengan akal
mais ils ne parlaient pas avec ce que les gens appellent de l'esprit
tetapi mereka tidak bercakap dengan apa yang orang panggil wittiness
Belle a toujours découvert un caractère précieux dans la bête
kecantikan sentiasa menemui beberapa watak berharga dalam binatang itu
et elle s'était habituée à sa difformité
dan dia telah terbiasa dengan kecacatannya
elle ne redoutait plus le moment de sa visite
dia tidak takut masa lawatannya lagi
maintenant elle regardait souvent sa montre
kini dia sering melihat jam tangannya
et elle ne pouvait pas attendre qu'il soit neuf heures

dan dia tidak sabar menunggu sehingga pukul sembilan
car la bête ne manquait jamais de venir à cette heure-là
kerana binatang itu tidak pernah ketinggalan datang pada waktu itu
il n'y avait qu'une seule chose qui concernait Belle
hanya ada satu perkara yang mementingkan kecantikan
chaque soir avant d'aller au lit, la bête lui posait la même question
setiap malam sebelum dia tidur, binatang itu bertanya soalan yang sama
le monstre lui a demandé si elle voulait être sa femme
raksasa itu bertanya kepadanya sama ada dia akan menjadi isterinya
un jour elle lui dit : "bête, tu me mets très mal à l'aise"
suatu hari dia berkata kepadanya, "binatang, kamu membuat saya sangat tidak senang"
« **J'aimerais pouvoir consentir à t'épouser** »
"Saya harap saya boleh bersetuju untuk berkahwin dengan awak"
"mais je suis trop sincère pour te faire croire que je t'épouserais"
"tetapi saya terlalu ikhlas untuk membuat awak percaya saya akan berkahwin dengan awak"
"Notre mariage n'aura jamais lieu"
"perkahwinan kita tidak akan berlaku"
« **Je te verrai toujours comme un ami** »
"Saya akan sentiasa melihat awak sebagai kawan"
"S'il vous plaît, essayez d'être satisfait de cela"
"sila cuba berpuas hati dengan ini"
« **Je dois me contenter de cela** », dit la bête
"Saya mesti berpuas hati dengan ini," kata binatang itu
« **Je connais mon propre malheur** »
"Saya tahu nasib saya sendiri"
"mais je t'aime avec la plus tendre affection"
"tetapi saya mencintai awak dengan kasih sayang yang

paling lembut "
« Cependant, je devrais me considérer comme heureux »
"Namun, saya patut menganggap diri saya gembira"
"et je serais heureux que tu restes ici"
"dan saya sepatutnya gembira awak akan tinggal di sini"
"promets-moi de ne jamais me quitter"
"berjanjilah pada saya untuk tidak meninggalkan saya"
Belle rougit à ces mots
kecantikan tersipu-sipu mendengar kata-kata ini
Un jour, Belle se regardait dans son miroir
suatu hari kecantikan sedang melihat cerminnya
son père s'était inquiété à mort pour elle
bapanya telah bimbang dirinya sakit untuk dia
elle avait plus que jamais envie de le revoir
dia rindu untuk berjumpa dengannya lagi lebih daripada sebelumnya
« Je pourrais te promettre de ne jamais te quitter complètement »
"Saya boleh berjanji tidak akan meninggalkan awak sepenuhnya"
"mais j'ai tellement envie de voir mon père"
"tetapi saya mempunyai keinginan yang sangat besar untuk melihat ayah saya"
« Je serais terriblement contrarié si tu disais non »
"Saya pasti akan kecewa jika anda berkata tidak"
« Je préfère mourir moi-même », dit le monstre
"Saya lebih suka mati sendiri," kata raksasa itu
« Je préférerais mourir plutôt que de te mettre mal à l'aise »
"Saya lebih rela mati daripada buat awak rasa gelisah"
« Je t'enverrai vers ton père »
"Saya akan menghantar awak kepada ayah awak"
"tu resteras avec lui"
"kamu tetap bersamanya"
"et cette malheureuse bête mourra de chagrin à la place"

"dan binatang malang ini akan mati dengan kesedihan sebaliknya"
« Non », dit Belle en pleurant
"Tidak," kata kecantikan sambil menangis
"Je t'aime trop pour être la cause de ta mort"
"Saya terlalu sayangkan awak untuk menjadi punca kematian awak"
"Je te promets de revenir dans une semaine"
"Saya berjanji kepada awak untuk kembali dalam masa seminggu"
« Tu m'as montré que mes sœurs sont mariées »
"Anda telah menunjukkan kepada saya bahawa adik-beradik saya telah berkahwin"
« et mes frères sont partis à l'armée »
"dan saudara-saudara saya telah pergi ke tentera"
« laisse-moi rester une semaine avec mon père, car il est seul »
"Izinkan saya tinggal seminggu dengan ayah saya, kerana dia keseorangan"
« Tu seras là demain matin », dit la bête
"Esok pagi kamu akan berada di sana," kata binatang itu
"mais souviens-toi de ta promesse"
"tapi ingat janji awak"
« Il vous suffit de poser votre bague sur une table avant d'aller vous coucher »
"Anda hanya perlu meletakkan cincin anda di atas meja sebelum anda tidur"
"et alors tu seras ramené avant le matin"
"dan kemudian kamu akan dibawa balik sebelum pagi"
« Adieu chère Belle », soupira la bête
"Selamat tinggal sayang kecantikan," keluh binatang itu
Belle s'est couchée très triste cette nuit-là
Beauty pergi tidur sangat sedih malam itu
parce qu'elle ne voulait pas voir la bête si inquiète
kerana dia tidak mahu melihat binatang begitu risau

le lendemain matin, elle se retrouva chez son père
keesokan paginya dia mendapati dirinya berada di rumah ayahnya
elle a sonné une petite cloche à côté de son lit
dia menekan loceng kecil di tepi katilnya
et la servante poussa un grand cri
dan pembantu rumah itu menjerit kuat
et son père a couru à l'étage
dan ayahnya berlari ke tingkat atas
il pensait qu'il allait mourir de joie
dia fikir dia akan mati dengan gembira
il l'a tenue dans ses bras pendant un quart d'heure
dia memegangnya dalam pelukannya selama suku jam
Finalement, les premières salutations étaient terminées
akhirnya salam pertama selesai
Belle a commencé à penser à sortir du lit
kecantikan mula berfikir untuk bangun dari katil
mais elle s'est rendu compte qu'elle n'avait apporté aucun vêtement
tetapi dia sedar dia tidak membawa pakaian
mais la servante lui a dit qu'elle avait trouvé une boîte
tetapi pembantu rumah memberitahu dia telah menjumpai sebuah kotak
le grand coffre était plein de robes et de robes
batang besar itu penuh dengan gaun dan gaun
chaque robe était couverte d'or et de diamants
setiap gaun ditutup dengan emas dan berlian
La Belle a remercié la Bête pour ses bons soins
kecantikan berterima kasih kepada binatang atas penjagaan baiknya
et elle a pris l'une des robes les plus simples
dan dia mengambil salah satu pakaian yang paling jelas
elle avait l'intention de donner les autres robes à ses sœurs
dia berniat untuk memberikan pakaian lain kepada adik-

adiknya
mais à cette pensée le coffre de vêtements disparut
tetapi pada pemikiran itu dada pakaian hilang
la bête avait insisté sur le fait que les vêtements étaient pour elle seulement
binatang telah menegaskan pakaian itu adalah untuknya sahaja
son père lui a dit que c'était le cas
bapanya memberitahunya bahawa ini adalah kesnya
et aussitôt le coffre de vêtements est revenu
dan serta merta belalai pakaian itu kembali semula
Belle s'est habillée avec ses nouveaux vêtements
kecantikan berpakaian sendiri dengan pakaian barunya
et pendant ce temps les servantes allèrent chercher ses sœurs
dan sementara itu pembantu rumah pergi mencari adik-adiknya
ses deux sœurs étaient avec leurs maris
kedua-dua kakaknya bersama suami mereka
mais ses deux sœurs étaient très malheureuses
tetapi kedua-dua kakaknya sangat tidak berpuas hati
sa sœur aînée avait épousé un très beau gentleman
kakak sulungnya telah berkahwin dengan seorang lelaki yang sangat kacak
mais il était tellement amoureux de lui-même qu'il négligeait sa femme
tetapi dia terlalu sayangkan dirinya sehingga mengabaikan isterinya
sa deuxième sœur avait épousé un homme spirituel
kakak keduanya telah berkahwin dengan seorang lelaki yang cerdik
mais il a utilisé son esprit pour tourmenter les gens
tetapi dia menggunakan kepandaiannya untuk menyeksa orang
et il tourmentait surtout sa femme

dan dia paling menyeksa isterinya
Les sœurs de Belle l'ont vue habillée comme une princesse
adik-adik kecantikan melihatnya berpakaian seperti seorang puteri
et ils furent écœurés d'envie
dan mereka muak dengan iri hati
maintenant elle était plus belle que jamais
kini dia lebih cantik dari sebelumnya
son comportement affectueux n'a pas pu étouffer leur jalousie
perangai penyayangnya tidak dapat menyekat rasa cemburu mereka
elle leur a dit combien elle était heureuse avec la bête
dia memberitahu mereka betapa gembiranya dia dengan binatang itu
et leur jalousie était prête à éclater
dan cemburu mereka sedia membuak-buak
Ils descendirent dans le jardin pour pleurer leur malheur
Mereka turun ke taman untuk menangis tentang nasib malang mereka
« **En quoi cette petite créature est-elle meilleure que nous ?** »
"Dalam cara apakah makhluk kecil ini lebih baik daripada kita?"
« **Pourquoi devrait-elle être tellement plus heureuse ?** »
"Kenapa dia harus lebih gembira?"
« **Sœur** », **dit la sœur aînée**
"Adik," kata kakak
"**une pensée vient de me traverser l'esprit**"
"sebuah fikiran hanya terlintas di fikiran saya"
« **Essayons de la garder ici plus d'une semaine** »
"Mari kita cuba menahannya di sini selama lebih daripada seminggu"
"**Peut-être que cela fera enrager ce monstre idiot**"

"Mungkin ini akan menimbulkan kemarahan raksasa bodoh"
« parce qu'elle aurait manqué à sa parole »
"kerana dia akan melanggar kata-katanya"
"et alors il pourrait la dévorer"
"dan kemudian dia mungkin memakannya"
"C'est une excellente idée", répondit l'autre sœur
"Itu idea yang bagus," jawab kakak yang lain
« Nous devons lui montrer autant de gentillesse que possible »
"kita mesti menunjukkan kebaikan kepadanya sebanyak mungkin"
les sœurs en ont fait leur résolution
saudari membuat ini resolusi mereka
et ils se sont comportés très affectueusement envers leur sœur
dan mereka sangat menyayangi kakak mereka
pauvre Belle pleurait de joie à cause de toute leur gentillesse
si cantik yang malang menangis kegembiraan dari segala kebaikan mereka
quand la semaine fut expirée, ils pleurèrent et s'arrachèrent les cheveux
apabila tamat minggu, mereka menangis dan mengoyakkan rambut mereka
ils semblaient si désolés de se séparer d'elle
mereka kelihatan sangat menyesal berpisah dengannya
et Belle a promis de rester une semaine de plus
dan kecantikan berjanji untuk tinggal seminggu lebih lama
Pendant ce temps, Belle ne pouvait s'empêcher de réfléchir sur elle-même
Sementara itu, kecantikan tidak dapat menahan diri daripada merenung dirinya
elle s'inquiétait de ce qu'elle faisait à la pauvre bête
dia bimbang apa yang dia lakukan kepada binatang

malang
elle sait qu'elle l'aimait sincèrement
dia tahu bahawa dia ikhlas mencintainya
et elle avait vraiment envie de le revoir
dan dia sangat rindu untuk berjumpa dengannya lagi
la dixième nuit qu'elle a passée chez son père aussi
malam kesepuluh dia bermalam di rumah ayahnya juga
elle a rêvé qu'elle était dans le jardin du palais
dia bermimpi dia berada di taman istana
et elle rêva qu'elle voyait la bête étendue sur l'herbe
dan dia bermimpi dia melihat binatang itu terbentang di atas rumput
il semblait lui faire des reproches d'une voix mourante
dia seolah-olah mencelanya dengan suara yang hampir mati
et il l'accusa d'ingratitude
dan dia menuduhnya tidak berterima kasih
Belle s'est réveillée de son sommeil
kecantikan bangun dari tidurnya
et elle a fondu en larmes
dan dia menangis
« Ne suis-je pas très méchant ? »
"Adakah saya tidak jahat sangat?"
« N'était-ce pas cruel de ma part d'agir si méchamment envers la bête ? »
"Bukankah saya kejam untuk bertindak begitu tidak baik kepada binatang itu?"
"la bête a tout fait pour me faire plaisir"
"binatang melakukan segala-galanya untuk menggembirakan saya"
« Est-ce sa faute s'il est si laid ? »
"Adakah salahnya bahawa dia sangat hodoh?"
« Est-ce sa faute s'il a si peu d'esprit ? »
"Adakah salahnya kerana dia kurang akal?"
« Il est gentil et bon, et cela suffit »

"Dia baik dan baik, dan itu sudah memadai"
« Pourquoi ai-je refusé de l'épouser ? »
"Kenapa saya enggan kahwin dengan dia?"
« Je devrais être heureux avec le monstre »
"Saya sepatutnya gembira dengan raksasa itu"
« regarde les maris de mes sœurs »
"tengok suami adik-adik saya"
« Ni l'esprit, ni la beauté ne les rendent bons »
"kecerdasan, mahupun ketampanan tidak menjadikan mereka baik"
« aucun de leurs maris ne les rend heureuses »
"suami mereka tidak membahagiakan mereka"
« mais la vertu, la douceur de caractère et la patience »
"tetapi kebajikan, kemanisan perangai, dan kesabaran"
"ces choses rendent une femme heureuse"
"Perkara ini menggembirakan wanita"
"et la bête a toutes ces qualités précieuses"
"dan binatang itu mempunyai semua sifat berharga ini"
"c'est vrai, je ne ressens pas de tendresse et d'affection pour lui"
"Memang benar; saya tidak merasakan kelembutan kasih sayang kepadanya"
"mais je trouve que j'éprouve la plus grande gratitude envers lui"
"tetapi saya rasa saya mempunyai rasa terima kasih yang paling tinggi untuknya"
"et j'ai la plus haute estime pour lui"
"dan saya sangat menghormatinya"
"et il est mon meilleur ami"
"dan dia kawan baik saya"
« Je ne le rendrai pas malheureux »
"Saya tidak akan membuatnya sengsara"
« Si j'étais si ingrat, je ne me le pardonnerais jamais »
"Sekiranya saya tidak bersyukur, saya tidak akan memaafkan diri saya sendiri"

Belle a posé sa bague sur la table
Beauty meletakkan cincinnya di atas meja
et elle est retournée au lit
dan dia tidur semula
à peine était-elle au lit qu'elle s'endormit
jarang dia berada di atas katil sebelum dia tertidur
elle s'est réveillée à nouveau le lendemain matin
dia bangun semula keesokan paginya
et elle était ravie de se retrouver dans le palais de la bête
dan dia sangat gembira kerana mendapati dirinya berada di dalam istana binatang itu
elle a mis une de ses plus belles robes pour lui faire plaisir
dia memakai salah satu pakaiannya yang paling cantik untuk menggembirakannya
et elle attendait patiemment le soir
dan dia sabar menunggu petang
enfin l' heure tant souhaitée est arrivée
akhirnya masa yang diimpikan tiba
L'horloge a sonné neuf heures, mais aucune bête n'est apparue
jam menunjukkan pukul sembilan, namun tiada binatang yang muncul
La belle craignit alors d'avoir été la cause de sa mort
kecantikan kemudian takut dia telah menjadi punca kematiannya
elle a couru en pleurant dans tout le palais
dia berlari sambil menangis di sekeliling istana
après l'avoir cherché partout, elle se souvint de son rêve
selepas mencarinya di mana-mana, dia teringat mimpinya
et elle a couru vers le canal dans le jardin
dan dia berlari ke terusan di taman
là elle a trouvé la pauvre bête étendue
di sana dia mendapati binatang malang terbentang
et elle était sûre de l'avoir tué

dan dia pasti dia telah membunuhnya
elle se jeta sur lui sans aucune crainte
dia melemparkan dirinya kepadanya tanpa rasa takut
son cœur battait encore
jantungnya masih berdegup kencang
elle est allée chercher de l'eau au canal
dia mengambil sedikit air dari terusan
et elle versa l'eau sur sa tête
dan dia menuangkan air itu ke atas kepalanya
la bête ouvrit les yeux et parla à Belle
binatang itu membuka matanya dan bercakap tentang kecantikan
« **Tu as oublié ta promesse** »
"Awak lupa janji awak"
« **J'étais tellement navrée de t'avoir perdu** »
"Saya sangat patah hati kerana kehilangan awak"
« **J'ai décidé de me laisser mourir de faim** »
"Saya berazam untuk kelaparan sendiri"
"**mais j'ai le bonheur de te revoir une fois de plus**"
"tapi saya gembira dapat berjumpa dengan awak sekali lagi"
"**j'ai donc le plaisir de mourir satisfait**"
"jadi saya bersenang-senang mati dengan puas"
« **Non, chère bête** », dit Belle, « **tu ne dois pas mourir** »
"Tidak, binatang sayang," kata kecantikan, "kamu tidak boleh mati"
« **Vis pour être mon mari** »
"Hidup untuk menjadi suami saya"
"**à partir de maintenant je te donne ma main**"
"mulai saat ini saya memberikan tangan saya"
"**et je jure de n'être que le tien**"
"dan saya bersumpah untuk menjadi milik anda"
« **Hélas ! Je pensais n'avoir que de l'amitié pour toi** »
"Aduhai! Saya fikir saya hanya mempunyai persahabatan untuk awak"

« mais la douleur que je ressens maintenant m'en convainc » ;
"tetapi kesedihan yang saya rasakan sekarang meyakinkan saya;"
"Je ne peux pas vivre sans toi"
"Saya tidak boleh hidup tanpa awak"
Belle avait à peine prononcé ces mots lorsqu'elle vit une lumière
beauty scarce telah mengucapkan kata-kata ini apabila dia melihat cahaya
le palais scintillait de lumière
istana berkilauan dengan cahaya
des feux d'artifice ont illuminé le ciel
bunga api menerangi langit
et l'air rempli de musique
dan udara dipenuhi dengan muzik
tout annonçait un grand événement
segala-galanya memberi notis tentang beberapa peristiwa besar
mais rien ne pouvait retenir son attention
tetapi tiada apa yang dapat menarik perhatiannya
elle s'est tournée vers sa chère bête
dia berpaling kepada binatang kesayangannya
la bête pour laquelle elle tremblait de peur
binatang yang baginya dia menggeletar ketakutan
mais sa surprise fut grande face à ce qu'elle vit !
tetapi kejutannya sangat hebat dengan apa yang dilihatnya!
la bête avait disparu
binatang itu telah hilang
Au lieu de cela, elle a vu le plus beau prince
sebaliknya dia melihat putera tercantik
elle avait mis fin au sort
dia telah menamatkan mantera itu
un sort sous lequel il ressemblait à une bête
mantera di mana dia menyerupai binatang

ce prince était digne de toute son attention
putera raja ini layak mendapat perhatiannya
mais elle ne pouvait s'empêcher de demander où était la bête
tetapi dia tidak dapat membantu tetapi bertanya di mana binatang itu
« **Vous le voyez à vos pieds** », dit le prince
"Anda melihat dia di kaki anda," kata putera raja
« **Une méchante fée m'avait condamné** »
"Seorang peri jahat telah mengutuk saya"
« **Je devais rester dans cette forme jusqu'à ce qu'une belle princesse accepte de m'épouser** »
"Saya akan kekal dalam bentuk itu sehingga seorang puteri cantik bersetuju untuk mengahwini saya"
"**la fée a caché ma compréhension**"
"peri itu menyembunyikan pemahaman saya"
« **tu étais le seul assez généreux pour être charmé par la bonté de mon caractère** »
"Anda adalah satu-satunya yang cukup murah hati untuk terpesona oleh kebaikan perangai saya"
Belle était agréablement surprise
kecantikan terkejut dengan gembira
et elle donna sa main au charmant prince
dan dia memberikan putera yang menawan tangannya
ils sont allés ensemble au château
mereka pergi bersama-sama ke dalam istana
et Belle fut ravie de retrouver son père au château
dan kecantikan sangat gembira untuk menemui bapanya di istana
et toute sa famille était là aussi
dan seluruh keluarganya juga berada di sana
même la belle dame qui lui était apparue dans son rêve était là
malah wanita cantik yang muncul dalam mimpinya juga ada di sana

"Belle", dit la dame du rêve
"Kecantikan," kata wanita dari mimpi itu
« viens et reçois ta récompense »
"Datang dan terima ganjaran anda"
« Vous avez préféré la vertu à l'esprit ou à l'apparence »
"kamu lebih mengutamakan kebaikan daripada kecerdasan atau rupa"
"et tu mérites quelqu'un chez qui ces qualités sont réunies"
"dan anda layak mendapat seseorang yang mempunyai sifat-sifat ini bersatu"
"tu vas être une grande reine"
"anda akan menjadi ratu yang hebat"
« J'espère que le trône ne diminuera pas votre vertu »
"Saya harap takhta tidak akan mengurangkan kemuliaan anda"
puis la fée se tourna vers les deux sœurs
kemudian pari-pari itu menoleh ke arah dua beradik itu
« J'ai vu à l'intérieur de vos cœurs »
"Saya telah melihat di dalam hati anda"
"et je connais toute la méchanceté que contiennent vos cœurs"
"dan saya tahu semua kedengkian yang terkandung dalam hati kamu"
« Vous deux deviendrez des statues »
"kamu berdua akan menjadi patung"
"mais vous garderez votre esprit"
"tetapi anda akan menjaga fikiran anda"
« Tu te tiendras aux portes du palais de ta sœur »
"Engkau hendaklah berdiri di pintu gerbang istana kakakmu"
"Le bonheur de ta sœur sera ta punition"
"kebahagiaan adikmu akan menjadi hukumanmu"
« vous ne pourrez pas revenir à vos anciens états »
"anda tidak akan dapat kembali ke negeri dahulu"

« à moins que vous n'admettiez tous les deux vos fautes »
"kecuali, kamu berdua mengaku kesalahan kamu"
"mais je prévois que vous resterez toujours des statues"
"tetapi saya menjangka bahawa anda akan sentiasa menjadi patung"
« L'orgueil, la colère, la gourmandise et l'oisiveté sont parfois vaincus »
"Kebanggaan, kemarahan, kerakusan, dan kemalasan kadangkala dikalahkan"
" mais la conversion des esprits envieux et malveillants sont des miracles "
" tetapi pertobatan fikiran yang iri hati dan jahat adalah mukjizat"
immédiatement la fée donna un coup de baguette
serta-merta peri itu menghentak dengan tongkatnya
et en un instant tous ceux qui étaient dans la salle furent transportés
dan seketika semua yang berada di dalam dewan itu diangkut
ils étaient entrés dans les domaines du prince
mereka telah masuk ke dalam kekuasaan putera raja
les sujets du prince l'ont reçu avec joie
rakyat putera raja menerimanya dengan gembira
le prêtre a épousé Belle et la bête
paderi berkahwin dengan kecantikan dan binatang
et il a vécu avec elle de nombreuses années
dan dia tinggal bersamanya bertahun-tahun lamanya
et leur bonheur était complet
dan kebahagiaan mereka telah lengkap
parce que leur bonheur était fondé sur la vertu
kerana kebahagiaan mereka diasaskan pada kebajikan

La fin
Akhir
www.tranzlaty.com

www.ingramcontent.com/pod-product-compliance
Lightning Source LLC
Chambersburg PA
CBHW011551070526
44585CB00023B/2548